손귀분 제1시집

하루
또
한
해

하루 또 한해

초판 인쇄 2025년 05월 25일
초판 발행 2025년 06월 15일

지은이 손귀분
책임 제작 비용구
펴낸곳 NEXEN MEDIA

우편번호 04559
주소 서울시 중구 마른내로 102
전화 070_7868_8799
팩스 02 _ 886_5442

등록 제2020-000159호 / 2009년 한터미디어로 등록
ISBN 979-11-93796-24-5(03810)
ⓒ 2025, 넥센미디어

※ 값은 뒤표지에 표시되어 있습니다.
※ 잘못된 책은 구입처에서 교환해 드립니다.

머리말

삶이란 사계절 같다.

꽃 피는 봄 즐기려다
매미 울음에 화들짝 놀라 까만 밤 지새우고
단풍이 깃든 오솔길 걷다
소록소록 눈 내리면 소녀같이 단꿈 꾸었다.

아픔은 희망 낳고
기쁨이 환희 끌어당기고
사랑과 이별
애절한 그리움 되어 가슴에 안겨 왔다.

새싹 돋으면 희망 샘솟고
낙엽지면 눈가에 이슬 맺히고
논 개구리 합창에
어린 나를 만난다.

이렇게 사는 동안 겪었던 일들을
하나씩 엮어보니 시가 되고
시를 쓴다는 게
나를 사랑한다는 걸 깨닫는다.

이 시집은
어머니께 바치고 싶다.
어머니의 고왔던 날
행복했던 순간
꽃잎이 나비처럼 나부낄 때
꽃처럼 하얗지 웃으시는
어머니를 생각하며 시를 마무리했다.

감정을 시적 언어로 표현하도록 도와주신 모든 분께
감사드린다.
2025년 5월 6일

차례

1부 유년의 향기

유년의 향기	······ 13
옛이야기	······ 15
그리움	······ 17
동무	······ 18
옹달샘 (1)	······ 19
옹달샘 (2)	······ 21
응추리 (1)	······ 22
응추리 (2)	······ 23
꽈리의 전설	······ 24
목욕	······ 26
앞산	······ 28
마중	······ 29
제삿장	······ 32

2부 기쁨 희망

손녀 보러 가는 길	⋯⋯ 37
매화의 꿈	⋯⋯ 38
봄바람	⋯⋯ 39
한삼덩굴	⋯⋯ 40
촌 여인	⋯⋯ 41
기차 여행	⋯⋯ 42
둥지	⋯⋯ 43
봄꽃 피듯	⋯⋯ 45
선유정	⋯⋯ 46
소풍	⋯⋯ 47
보랏빛 향기	⋯⋯ 49
관광버스	⋯⋯ 51
노래교실	⋯⋯ 53
파마	⋯⋯ 55
잔디	⋯⋯ 56
하루 또 한해	⋯⋯ 57
어머니의 기도	⋯⋯ 59
4월	⋯⋯ 60
등꽃 아래	⋯⋯ 62

3부 아픔 치유

고장 난 무릎	······ 67
오십견	······ 69
누수	······ 71
남편	······ 72
길	······ 74
꽃길	······ 75
보물	······ 77
가을의 기도	······ 79
나	······ 80
벚꽃 눈	······ 81
부모	······ 82
봄을 눈앞에 두고	······ 84
비둘기	······ 86
새벽별	······ 88
새벽편지	······ 89
아침	······ 90
아토피	······ 92
앞서 핀 벚꽃	······ 93
오일장	······ 94
완성	······ 96
작은 선물	······ 97
침묵	······ 98
하회탈	······ 100
실버카	······ 101
봄비	······ 102
녹색천사	······ 104
5월	······ 108

4부 슬픈 이별

슬픈 이별	······ 113
떡잎	······ 115
멀어지는 님	······ 117
황혼	······ 118
낡은 구두	······ 119
빈집	······ 120
벚꽃 길	······ 122
오르막 내리막	······ 124
씨앗	······ 126
가시	······ 127
시푸다	······ 128
동그라미	······ 130
부모는 빚쟁이	······ 131
할머니는 세 살	······ 133
꽃 보라 동산	······ 134
목련	······ 136

하루 또 한해

1부

유년의 향기

유년의 향기

노을이 황금빛이면
논 개구리 울고
복숭아 익어갈 때
메뚜기 잠자리
들녘을 날지

댕기머리 이쁜이
하얀 미소 지으면
반달이 어느새
재를 넘지

국수 삶아낸 잔불에
방아깨비 구워먹던
예쁜 그 시절

뒷산너머 해지듯
멀어져가도

그리운 향기
코끝에 남아 있다.

옛이야기

한겨울
꽁꽁 언 볼 감싸주던
따뜻한 엄마손

소죽 끓인 잿불에 구운 고구마
호호 불어주던
아버지 큰 손

모내기 두벌 끝나면
시퍼렇게 익어가는 논두렁엔
개구리 합창소리 익어가고

개울가 반딧불이 반짝이면
모깃불 피운 평상에

할머니 무릎 벤 이뿐이

작은 요정되어
쏟아지는 별빛 쪼아 먹는다

그리움

새하얀
속살로 태어나
황톳물로 멱 감던
소꿉동무들

어느 곳에서
어떤 물 마시며
어떤 공기로
숨 쉬고 있을까

어느 별에 뿌리 내리고
어떤 빛깔 꽃피우며
무슨 향기로 노래할까.

동무

산해진미 줄어들고
빈 병 쌓이니
동무들 얼굴에
붉은 태양 떠올랐다

굴뚝에 하얀 연기
얼른오라
까치발 세워도

모래 밥에 풀잎 반찬
동네잔치 벌이던
연못가 그곳으로
동무들 다 모였다.

옹달샘 (1)

다람쥐 벗 삼아
오솔길 걸었지
탈래탈래 국민학교
나폴나폴 중학교

초롱꽃 보랏빛 향기
샛별보다 빛나고
산기슭 도랑 물소리
뻐꾸기 노래 청아했지

비단개구리
숨바꼭질하던
단아한 옹달샘
꽁꽁 숨어버려 찾을 길 없네.

비록 작은 옹달샘이지만 가랑잎으로 가려진 곳에는 비단개구리를 비롯하여 힘없는 많은 생물이 더불어 즐기는 공간이었다.
문명의 발달로 넓고 멋진 호수가 생겨나고, 경쟁조차 할 수 없는 무서운 황소개구리가 위협하니 작고 힘없는 붕어 송사리는 가려줄 나뭇잎조차 없으니 잡아먹히지 않을 본능만으로 삭막하게 살아가는 안타까움.

옹달샘 (2)

심산유곡 오솔길
초롱꽃 향기

비단개구리 풀잎 덮고
옹달샘에 숨었다

드넓은 호숫가
성난 황소개구리

연잎도 없는데
붕어 송사리
어디에 숨을까.

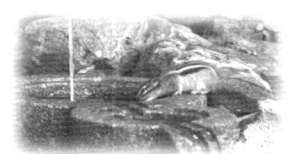

응추리 (1)

팔공산 정수리
옹기종기 작은 집
겹겹이 내려앉은 만추의 치마폭에
지친 독수리 안겨든다

시간이 잠든 곳
민들레 씀바귀 노랗게 물들면
새하얀 속치마 사과 꽃잎에
벌 나비 팔랑팔랑 봄소풍 와요

산수유 붉게 타고
사과향기 춤추면
나폴 나폴 어린 내가
살그머니 다가와요

웅추리 (2)

이따금 흘러가는 자동차 따라
문명 조금씩 불어오고
선객들 웃음 따라
현재 미래 어우른다.

쟁기질하던 소(牛)님은
뒷방 늙은이
톨톨톨 아장아장
밭(田) 달리는 관리기

높이 나는 독수리 대신
야옹이 멍멍이 마을 깨우지만
고단한 마음 내려놓기에
부족함 없구나.

꽈리의 전설

푸른 하늘 해 좋은날
소담스레 열렸다

고운 열매 갖고파
얼마나 애썼을까

수 백 번 물어 봤겠지
해와 별 달님에게

파랑 노랑 주홍색
밤낮 토닥거렸을 게다

은하수 파랗게 흐르면
파란 꽈리

기러기 먼 길 떠나면
노랑 꽈리

까만 밤하늘 별 반짝이면
빨갛게 익어가는

꽈리의 전설

목욕

뜨겁다고
아프다고
간지럽다고
칭얼대는 아이 어르고 달래며
목욕시키는 엄마

일 년에 서너 번
명절 앞둔 날
커다란 대야에
김이 모락모락

새 옷 갈아입으면
천사 되고 나비 되어
나폴 나폴
하늘 날지

벌 받듯이 이맘때쯤
큰 물통에 담기지

뽀얀 수증기 베일처럼 감싸주면
부끄러운 거짓말
살그머니 내려놓지

시리도록 새하얀
떡고물 위에
고무신 도장
콩콩 꽃을 피우지.

앞산

청솔 우거진 곳
자작나무 한 그루
청솔 자른 그 자리
하늘하늘 솟았다

봄비 맞은 새싹인 양
자작나무 두 그루
재잘재잘 소녀처럼
바람 타고 산들산들

세 그루
네 그루
청솔은 어디 가고
자작나무 다 모였네.

마중

자꾸만 눈이 간다
콩 팥 머리 이고
오일장 가신 엄마

하얀 고무신 사오실까
빨간 치마 사오실까
설렘 안고 기다리는
아이들의 기대

해님 서산 넘을 때
저 솔 끝에 나타난 엄마
공깃돌 고무줄 내던지고
마구 달린다

딱지 치던 오빠도
칭얼대던 동생도
덩달아 내달린다.

멀리 뒤처진 막내
큰누나는 되돌아가
막내 업고 뛴다.

엄마 손에 들린 소박한 보따리
설탕 국수 밀가루 고등어 한 마리

못난이 사과 몇 알
눈깔사탕 한 봉지
보물인양 받아 들고
오빠는 의기양양

엄마 등에 업힌 막내
신나서 발 구르고
팔랑팔랑
발걸음도 가벼운
엄마의 장날.

제삿장

제사 앞둔 오일장
붉은 팥 푸른 녹두
모래에 묻어둔
뾰족 촉 난 밤

올망졸망 보따리 지고
오일장 나서는 아버지

사과 배
조기 돔베기
무지개 사탕

하얀 속살 드러낸 밤
물그릇에 참방 담기고
사과 배 껍질 벗을 때
고사리손 올망졸망
칼끝에 모인다

긴 문어 다리
아버지 손끝에서
봉황이 되면

수북수북 담긴 음식
제사상이 비좁다

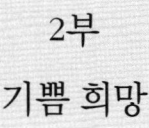

2부

기쁨 희망

손녀 보러 가는 길

마음에 날개 달고
새벽을 가른다
밤잠 설쳤지만 마음 앞서 달린다

눈 덮인 들판 지나
저 멀리 산 너머
아침 태양 손짓한다

날 알아보지도 못하는
사랑스런 생명체

온 가족 한자리에 모으는
파워 에너지 우리 손녀.

매화의 꿈

폭설 한파 긴 세월
꽃바람에 날리고
연분홍 작은 브석
조롱조롱 매달렸다

초록빛 꿈 꺼내어
살포시 품에 안고
토실토실 행복 열매
주저리주저리 열리거든

열매마다 정성 담아
꽃잎 편지 띄우리.

봄바람

설산 눈 녹는 소리에
소쩍새 부리 노랗다

개나리 헤프게 꽃술 피워도
논두렁 개구리
눈만 껌뻑이네

청보리 물결치면
앙증맞은 종달새
오르락내리락

이뿐이 덩달아
연분홍 치마 펄럭이며
봄바람 났네.

한삼덩굴

하얀 나비 노란 민들레 보고파
두꺼운 솜이불 힘겹게 걷고
더듬이 손 내딘다

햇살 눈부셔 실눈 떠보니
새침데기 아침이슬
얼굴 붉혀 눈인사

아함!
한세상 어떻게 엮어볼까

이팝나무 손잡고 꽃 향에 취해볼까
매실나무 휘감고 새콤한 사랑 나눠볼까
소나무 벗하여 별사랑 이뤄볼까

참새들 노랫소리 정겹기도 하여라.

촌 여인

팥 자루 터지는
함박웃음
가녀린 주름

걸쭉한 사투리
순박한 몸짓
박꽃 같아

파란 하늘 푸른 들녘
이름 없는 들꽃처럼

빈 가슴 설레게 하는
야릇한 향기.

기차 여행

산 강 넘고 건너
적막 가른다.

별빛 닮은 설렘
은하수 건너
여린 마음 내려놓을
둥지 찾아가는 길

달콤한 향에 취해
질식해도 좋을
아늑한 보금자리

철마는 떠나간다.
고달픈 이들 꿈 찾아
철마는 달리고
또 달리나보다.

둥지

우주가 무대였지
점 하나 찍기 전엔
아주 작은 점 하나
동그라미 되었네

날이 가고 달이 가고
토실토실 동그라미
나를 삼켜버렸다

세상이 무대였지
둥지에 들기 전엔
작고 아담해도
고단함 내려놓기 안성맞춤

노랑나비 노닐고
꽃바람 불어오면
뻐꾸기 소리 정다운 양지바른 남촌

꽃향기 노래되고
나비 되었다가
바람되지

홑이불 같은 엷은 미소
끝자락 당겨 덮고
한가로운 봄날
사색에 잠긴다.

봄꽃 피듯

사립문 옆 물 버들가지에
까치부부 산다.

깍깍 새벽 인사로
눈뜨는 하루

젖은 손 행주치마로 감싸며
먼 산 휘 둘러 본다

어디서 봄꽃 피듯
내려오려나.

선유정

어느 신선이 놀다 갔을까?
하늘 아래 황토집
대추 주저리주저리 열리고
비에 젖은 한티재 적송이 부른다.

갖가지 식용작물
손끝에 사랑 묻어
태풍도 피해 가고
구름도 놀다 간다.

팔공산 치마폭 별꽃 쏟아지는
제2석굴 가는 길옆
선유정에 쉬었다 가렴
선유정에 놀다 가렴.

소풍

얼굴에 닿는
동짓달 찬바람
찰방찰방 상쾌하여라

고요히 잠든
호수 옆 작은 마을
너와 나만
살아 숨 쉰다

양지바른 담장
곱게 익은 구기자
마법의 손길 기다리며
방긋이 미소 짓고

햇살 품은 호수
은빛으로 빛날 때
마주보는 눈동자에
별빛 반짝인다.

일상일랑 밀쳐두고
소풍 나온 친구야

네 눈동자 속에서
나 함박웃음 봉긋이
피워 올린다.

보랏빛 향기

양지바른 돌담 하얀 제비꽃
어여쁜 보조개로 봄 부르니
라일락 보랏빛 향기로
여름 옷고름 당긴다.

하얀 드레스 억새꽃
가을 손짓하니
억만 송이 눈꽃 천사
겨울 싣고 돌아온다.

수줍은 복사꽃
봄 실어 보내니
살찐 청매실
여름 부르고

알알이 검은 진주
가을 따라 떠나가니
감나무에 걸터앉은 초승달
겨울 기다린다.

소꿉동무 손잡고
고향마을 내달릴 때
갈래머리 이쁜이
가슴만 콩닥거리고

서산에 걸린 석양
황금빛으로 물들면
몽글몽글 피어나는
연보랏빛 설렘.

관광버스

음악으로 시동 거니
흔들흔들 버스 춤춘다.

칼바람 맞으며 시산제 지내고
돼지머리 수육에 막걸리로 배 채우고

앗싸 가오리 리듬에
내장이 출렁출렁

곱게 치장한 여인 어디 가고
무희들만 덩실 더덩실

저 에너지 어디다 숨겨 왔을까
무릎 허리 아프던 아지매는 어디가고
튼실한 엉덩이 흔들어댄다

삶에 지친 고달픈 육신
리듬에 실어 흘려보내고

뛰고 흔들고 발 구르며
앗싸 어라차차

하얀 몸부림 활짝 피었다.

노래교실

크고 작은 동그라미 옹기종기 한데모여
논 개구리 합창하듯 방긋방긋 어여쁘다

노란 개나리 여섯 개 동그라미 그려놓고
헐레벌떡 달려오고

분홍장미 일곱 개 동그라미 그려놓고
사뿐사뿐 걸어온다

적색목단
여덟 잎 꽃술로 품어 안으니
조화롭고 풍성하여라

작은 동그라미
조심스레 언덕 오르고
큰 동그라미
성큼성큼 큰 산 넘을 때

서산 너머 뻐꾸기 봄 부르고
버들가지에 졸던 종달새
더덩실 춤춘다

갖가지 동그라미
흥겨운 노랫가락

낮달도 귀 기울이고
새들도 흥겨워 휘릭 휘리릭

파마

찰랑찰랑 까불까불
한 사발 보약 마시고
꼬불꼬불 어깨춤 춘다

당그란 짧은 치마
자는 자아 깨워 끌며
이리 폴짝 저리 살짝
뛰어보자 재촉하네

물결치는 긴 기지개
잔설 흩어지고
잠자던 아기 꽃눈
보시시 눈 비빈다.

잔디

한 번 자른 적도 없는
얽히고설킨 더벅머리
경쾌한 음악에
쓱싹쓱싹 허공에 춤춘다.

초록빛 인사 끝나기도 전에
생기 잃고 노랗게 자빠졌다
날선 손바닥 스치는 곳마다
더벅머리 어느새 까까머리

수줍어 실눈 드고 해님보고 방긋
타는 듯 뜨겁지만 가슴 뛰는 첫사랑
거부할 수 없는 태고의 인연
데메테르 넓은 가슴으로 품어 안는다.

하루 또 한해

땅속에서 태양 솟고
이불 속에서 나 피어난다.

화사한 미소에
찬바람 물러나니

큰 나무 작은 풀잎에
잠자던 요정들
올망졸망 기지개 켠다.

수줍은 사과꽃 향기
노랑나비 찾아들고
아카시아 향기에
꿀벌들 축제구나

단풍잎 춤사위
뭉게구름 멈춰서고
금빛 치마 은행잎
나비되어 춤출 때

또 하나 동그라미
완성 향해 달리고

눈가에 어여쁜 주름 하나
살그머니 내려앉는다.

어머니의 기도

봄볕 햇살은
어머니의 미소

앞마당 연분홍 꽃
청초하고도 곱다.

긴 세월 그 은혜는
사랑의 세레나데

오늘따라
눈부시게 파란 하늘은

어머니의 소리 없는
간절한 기도.

4월

초록이 짙어간다
제비 날아와 안부 전하고
병아리 어미 따라 쪼르르르

버들가지 아래
송사리 날고뛰면
올망졸망 올챙이 봄 마신다.

꿩꿩 장끼 봄노래 부르고
구슬프게 뻐꾸기 짝을 찾으면
분이 나물 바구니 들고
뒷산 오른다.

청미래 얇은 미소
진달래 붉게 타고
큰 소나무 세상을
노랗게 물들인다.

꽃망울 톡톡 터지는
사랑의 노래
사월은 사월은
축복의 메시지.

등꽃 아래

보랏빛 향기
설레는 봄
이팝나무 춤사위
하얗게 부서진다.

참새들 합창
만물을 깨우고
고운님 웃음소리
창공을 가를 때

바람에 실려 온
초록 향내 한줄기
코끝에 머물고

사랑에 빠진 참새
오르락 내리락
숨었다가 난다

주저리주저리 달린
등꽃 아래
복슬복슬 곱게 핀
웃음꽃 한바구니.

3부
아픔 치유

고장 난 무릎

주저앉고 말았다
철퍼덕
이끄는 그 어느 곳
마다한 적 없었다

어렴풋이 들어본
줄기세포 이식수술
천근만근 두 다리
망연자실 바라본다.

소중한 것들은
언제나 말이 없지
고귀한 침묵의 뜻
실눈 뜨고 헤아려 보니

말도 글도
한 방울 발걸음조차
부모님 아니면 얻었으랴만
살아생전 그 노고
헤아리지 못하니

살을 찢고 **뼈** 자를 땐
하늘만큼 큰 고통
그 상처 아물어가니
주사바늘 두려워
고개 돌린다.

오십견

노랑 빨강 곱던 추억
파란 하늘 가을 위에
소복소복 담는다
뭉개뭉개 넘친다

단풍잎 익어갈 때
억새꽃 춤추고
나목이 외로울 때
요정들 노래 흥겹다

군불 땐 아랫목에
지친 육신 펼치니
폴딱폴딱 꼬맹이들
잘도 달린다.

뜨끈뜨끈한 아랫목에 나목처럼 차갑게 굳은 몸을 뉘이니 뭉쳐있던 어혈들이 풀리고 혈액이 잘 돌아 편안하다.

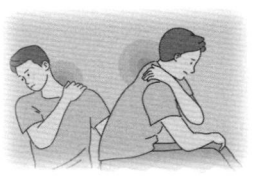

누수

모르는 사이
나사가 헐렁해졌다

녹슬고 고장난 곳 찾아
조이고 기름칠이라도 해둘걸

저리고
쑤시고
무겁고
뻐근하다.

남편

약속은 많으나 이룸은 적고
늘 남의 편인 남자
오늘도 내 말을 콧잔등으로 듣는
밉지만 버릴 수 없는 남자

기다리지 않으니 여유롭고
기대하지 않으니 평화롭네
흰머리 성글고 주름살 골지면
바쁜 걸음 멈춰 서려나

인내하게 만드는 남자.

약속 지우네
기대 접네
내 편이란 두 글자도 접네

무탈하니 다행이고
건재하니 안심이어라

미담美談 봉오리에
화목和睦 춤춘다.

행복 날아와 어깨춤 춘다.

길

아쉬움 많아 발걸음 재촉하고
부름 많아 동분서주 날아도
서러움으로 채운 마음
멈춰 설 곳 없어라.

아!
이 길이 옳은 길인가
진정 이 길밖에 없는가

돌아가기엔 너무 멀어
그냥 달린다.

꽃길

망쳐버린 그림
찢어버리면 그만인데
망쳐버린 수십 년 어찌하면 좋을까

지우개로 지울 수도
바늘로 기울 수도
고칠 수도 없네.

잘못한 스케치
짙은 색 크레파스로 덧칠하고
잘못 칠한 짙은 색
밝은 색 얹어 배경으로 깔지

칠흑같이 어두운 밤
나 홀로 그렁그렁

저 멀리 반짝이는 별빛 향해
한 알 한 알 꽃씨 뿌리고
정성으로 보듬으며
향기로운 꽃길 만들어 놓았다.

보물

소중하게 지켜온 것
버려둘 수 없어
아득히 먼 가시밭길
맨발로 달렸다.

언 가슴 입김으로 녹이고
시린 눈 반딧불로 밝히며
너덜너덜 긁히고 찢기며
캄캄한 밤하늘 별 흔적 찾았다.

얼어붙은 발길 봄으로 향할 때
허공에 뜬 언약들 침묵으로 묶어 두고
함초롬히 찾아온 꽃향기 소매 잡고
파랑새 앵두나무 꽃눈 깨운다.

봉긋한 봄 찾아오면
지금의 이 침묵
만 마디 대화로 빛날까

침묵 속 밀알이
알알이 영근다.

가을의 기도

가을에는 여행하게 하소서
훨훨 나는 새처럼
풀잎들 속삭임
쪼아 먹게 하소서

가을에는 풍성하게 하소서
지친 육신에 생기 주소서
육감의 기쁨으로
풍요롭게 하소서

가을에는 사랑하게 하소서
동그란 말과 사뿐한 몸짓으로
사랑 전하는
천사이게 하소서.

나

웃음주고 기쁨주고
설렘도 주고
아픔주고 슬픔주고
서러움도 주네

믿음 저 끝에 우뚝 서 있는
너를 향해 가는 길
길고도 짧고
지루하고도 쏜살같다.

벚꽃 눈

예닐곱에는 동화나라
스물 서넛에는 연분홍 향기
쉰 즈음에는 시든 꽃이든가

예순에는 곱게 물든 단풍잎
일흔에는 책갈피 속 추억
여든 또 아흔에는
불청객 될까 두렵네.

아흔여섯 어머니도
벚꽃 눈 맞으며
살랑살랑 걷고 싶으실 텐데.

부모

수십 년 고이 길러
남의 집에 보내놓고
행여 귀염 못 받을까
밤낮으로 염려시네

자나 깨나 근심 걱정
꿈에라도 보일라치면
행여 무슨 일 생겼을까
노심초사 걱정일세

모처럼 친정 나들이
옷가지 몇 개 빨아도
애고 얘야 들어와라
손 시릴라 감기 들라
무슨 걱정 그리 많으실까

한없는 부모님 은혜
갚을 날 언제일까
옷도 싫고 고기도 싫다
쓸데없이 돈 쓴다고
야단만 하시네.

봄을 눈앞에 두고

천사의 미소로 사뿐히 날아와
거리를 덮고 더지를 덮고
세상 다 덮어 버렸네.

수많은 세월 선산 지켜온
앞산 저 큰 소나무 팔까지
기어이 부러뜨리고 말았구나

부러지지 않으려
얼마나 애썼을까
얼마나 아팠을까

버티다 버티다가
비틀리며 찢어진 커다란 가지
허망하게 축 늘어져 있다

찬란한 봄 눈앞에 두고
마지막 순간 버티지 못하고
끈 놓을 때

얼마나 절통切痛했을까!

비둘기

쓰레기장 옆
차가운 아스팔트
비둘기 한 마리 있다.

어쩌다 놓쳤을까
주먹 쥔 듯 뭉텅한 발
뒤뚱뒤뚱
먹이 낚는다

한쪽 발가락 잘려 나갈 때
꿈 한 조각
잘려 나가고

두 번째 발가락 잘릴 때
또 하나의 꿈
접었으리라

발가락 몽땅 잃은 저 비둘기

무슨 생각으로
하루하루 버틸까

차디찬 먹이 쪼며
무슨 꿈꿀까

새벽별

으스름 새벽하늘
초롱초롱 별님들

까만 짱돌 위에
단단히 박혀 있다

우리네 인생사

제 있어야 할 자리에
금반지에 보석 박히듯
하늘에 별 박히듯

옴짝달싹 못하고
단단히 박혀있다.

새벽편지

내 가슴 어루만지느라
그대 아픔 살펴주지 못했네

내 눈물 닦느라
그대 눈물 고이는 줄 몰랐네

날 위로 하느라
그대 상처 달래주지 못했네

그대 눈동자에
활짝 핀 내가 있네.

아침

째깍째깍 달려가는
발자국 소리

우주선 도착 않고
초침만 달음박질

실바람에 실려 올까
무지개에 업혀 올까

자명종도 지쳤는지
자장가 부른다.

식구들 먹일 생각에 감긴 눈 비벼 뜨고 아침밥 준비한다. 눈동자 시계와 식구들 얼굴 바삐 오가며 아침 밥상 차린다.

5분만, 조금만 더 하면서 시간은 달려가고 늦었다며 휑하니 나가버리는 뒷모습 바라보며 어깨를 축 늘어뜨리는 허탈한 주부의 마음.

아토피

전쟁이다!

적군과 아군 접전
노란 핏물 홍수 이룬다

함박눈 접전지接戰地 뒤덮는다
고요한 적막이다
전쟁은 끝났다.

스멀스멀
적군들 일어난다

다시 또 전쟁이다!

앞서 핀 벚꽃

잔치 벌이기도 전에 서둘러 핀 꽃
친구들 눈뜨기도 전에
온갖 자태로 나부끼며
홀로 먼저 봄바람 났다

따스한 해님 잠자리 들고
애정의 눈길 머물던 자리
시샘 많은 봄바람 쌩하니 불어온다

살을 에는 꽃샘추위에도
품위 고이 안고서
팔랑팔랑 낙화 춤춘다.

오일장

저기 한 사람 걸어온다.

초롱초롱 반딧불
발끝에 춤춘다
영양만점 맛있는 강정입니다

내딛는 한걸음
여수 건어물이요
4년 숙성 참 옻 진액입니다

수줍은 한걸음
아마 씨 대마 씨
건강 약초 있습니다

젓갈이 있어요
멍게 굴 창란 조기젓입니다

고랭지 사과 맛보고 사 가세요
스치는 눈길 따라
꾀꼬리 노랫가락

허공에 춤추는 눈동자
발걸음 재촉하고
바쁜 발자국 따라
한숨 소리 쌓여간다.

멈춰서기를 고대하지만 지나쳐 가는 고객의 야속한 발끝을 바라보며 한숨짓는 상인들.

완성

속 차고 나이테 늘수록
차지게 여문다.

아픔 더하고 슬픔 보태고
서러움 곱해질수록
옹골차게 다져진다.

와라 고통이여
내려라 슬픔이여
쌓여라 서러움이여
너의 속내 다 읽었으니

이기고 넘어서고 녹여서
영롱한 내 삶 완성하리라.

작은 선물

어쩌다 사랑하는 딸이
내 말 따라주지 않을 때
이따금 사랑하는 남편이
마음 읽어주지 않을 때
나에게 화안한 미소 선물하고 싶네.

완성 아득한 밑그림처럼
턱없이 내가 작아 보일 때
가슴 토닥여 주고
등 쓸어주고 싶네.

두 팔 포개어 안고
괜찮다고 나를 믿는다고
고맙고 사랑한다고
조용히 속삭여 주고 싶네.

침묵

또각또각 걷는다.
자음 모음
흔들림 없이
한걸음 또 한걸음

자박자박 걷는다.
희망 용기
쉼표 건너 마침표까지
한 글자 또 한 글자

질척질척 걷는다.
분노 역경
건너고 뛰어넘어
휘돌아서

헐레벌떡 달린다.
불안 초조 절망 고달픔
털고 떨치고

다소곳이
하얀 깃털 다듬는다.

하회탈

아흔 여섯 어머니
틀니를 빼니 귀여운 작은 하회탈

무슨 목욕 그리 자주하냐며
손사래 치시는 어머니
가느다란 머리카락
굴곡의 언덕이 착 달라붙는다.

주름진 세월에 휘어진 야윈 몸
생크림 드레스 하얗게 입으셨다

이불 속에서 뜸 든
따뜻한 옷 갈아입으시고
함박웃음 지으신다.
단잠에 빠지신다.

실버카

굼실렁 굼실렁
신작로 기어간다.

쌩하니 승용차 앞질러 가고
휘리릭 트럭 달려가도
서있는 듯 구르는 듯

덤프트럭 우르릉 쿵쾅
날쌘 오토바이
바람을 가른다.

그러거나 말거나
실버카 두 대
경로당 향하여
굼실렁 굼실렁.

봄비

비야 내려라
단비야 내려라
사흘째 함지산 불타고 있다!

아기 다람쥐
두근두근 방망이질 하고
부화 앞둔 어미새
애간장 다 녹는다.

산새들 부푼 꿈
연기에 스러지고
초록빛 희망
저만치 도망간다.

봄 앞질러
바삐 왔겠지만
사흘만 앞당겨 왔더라면
함지산 비명 없었을 것을

잠자리 날개인가
선녀의 속치마인가
저 멀리 팔공산 자락
운무 슬프다.

녹색천사

딩동!
바람처럼 녹색 천사 달려온다
무엇을 도와드릴까요?
도움도 가지가지

물 떠다 주세요.
냉장고 과일 꺼내 주세요
냉동실 음식 데워 주세요
떨어진 리모컨 주워 주세요

화장실 데려가 달라
기저귀 갈아 달라
문 닫아 달라
커튼 내려 달라
가방에 든 무엇 찾아 달라

여기서 딩동
또 저기서 딩동
오늘도 녹색 천사
복도를 달린다.

날 돌보지 못해 탈 난 사람들
미안한 마음 허리춤에 접어두고
여기서 딩동!
저기서 딩동!
녹색천사 재촉한다.

월요일인지 토요일인지
새벽인지 초저녁인지
아침인지 저녁인지
도통 모를 일이다.

차창 너머 바쁜 발걸음
이승 소리인지
저승 소리인지
도무지 모를 일이다.

창문 열면 날아드는
한번은 더운 바람
한번은 산들 바람
여름인지 가을인지
정말 모를 일이다.

일상에서 병원으로
순간이동 한순간

한 발짝 사이에 둔 일상
아득하기만 하다

이승과 저승 거리 이보다 더 멀까
보름달 쳐다보며 저울질 해본다.

5월

어머니!
가장 아름다운 이름
한없는 사랑.

검버섯 곱게 핀
주름진 얼굴
그것은 믿음.

맑고 푸른 하늘
살랑거리는 꽃향기는
당신의 미소.

그 얼굴
만질 수 있다면
꿈길이라도 좋겠네.

담장 위 넝쿨장미
붉게 타면
논두렁 저 끝엔
찔레꽃 향기

복슬복슬 아카시아
벌 나비 부르면
카네이션 향기
눈시울 적시다.

4부
슬픈 이별

슬픈 이별

그는 떠났다!

서운하다 한마디 원망도 없이
사지육신 장기까지
아낌없이 나누고
다소곳이 내 곁을 떠났다

수십 년 나만 바라보며
기쁠 때 서러울 때도
조용히 지켜봐 주고
새벽 밤중 가리지 않고
따뜻한 품 내주던 고마운 친구

함께한 순간들 주마등처럼 흘러
눈앞이 흐리고 가슴 먹먹하다
떠나는 그 차마 잡지 못해
허리 감싸안은 이별의 속삭임

두 번 다시 보지 못할 님
잔잔한 파문 가슴 적신다.

눈가에 촉촉이 이슬 맺힌다.

떡잎

세 그루 꽃나무 키워냈다
비바람 속 한결같은 보살핌
튼튼하게 자랐다

가지 뻗은 나무
탐스런 꽃 피웠다
듬직한 줄기
어여쁜 꽃송이

보고 또 보아도
또 보고 싶은 꽃
향기도 맡아보고
보듬어도 보고

작은 가지들도
요기조기 꽃눈 틔운다.

떡잎 가지에 매달려
바람 불기를 기다린다.

멀어지는 님

점점 멀어진다.
발걸음 멀어지니
마음도 멀다.

발걸음 무거워
님 만나러 가는 길
더욱 멀다

청력 휘적휘적
기억 오락가락
재미 또한 멀다

안타깝고 속상한 맘
아리다가 무겁다가
멀어져간다.

황혼

노랗게 물들었다.

무성하던 푸른 잎
갈색 옷 갈아입고

반들반들 물오른 가지
물고기 비늘 솟았다

벌 나비 부르던 향기
모기 파리 단골 되고

흥겹던 종달새 노래
고성만 메아리친다.

낡은 구두

쓰레기통에 버려진
구두 한 켤레

누가 버렸는지
볼품없이 쭈글쭈글

광나고 기운찼던
영광의 젊은 날

하얀 곰팡이 꽃
한 아름 안고

주인 따라 세월 속에
묻혀 가련다.

빈집

한적한 시골
허름한 집 홀로 외롭다

허물어진 벽
기운 담장

뒷산 소나무
여전히 푸르고
마당 가 만물들
옹기종기 모였다

주인 없는 빈집

지친 해 쉬어가고
별들도 놀다간다

하얀 나비 사색에 잠기고
고추잠자리 졸고 있다

낮달도 오늘은
쉬어 갈 모양이다.

벚꽃 길

봄날
하늘이 파랗다

벚꽃 만개한
한가한 꽃길

타박타박
하얀 할머니

거친 등 내미는
늙은 벚나무

하얀 꽃잎 나비처럼
어깨 위에 내린다.

꽃 향에 취해
세월 잊으시고

벚꽃처럼
하얗게 웃으신다.

오르막 내리막

한 세기 가깝도록
정상에 올랐다
부지런히
힘겹게

휘둘러보니
높이도 올랐다

쏜살같다 내리막
석 달도 안 걸리네.

네 발로 일 년
두 발로 구십 삼년
여섯 발로 일 년

뉴스마다 노조파업 외쳐대니
울 엄마 발도 파업이다

한 부모 열 자식
기쁨으로 건사해도
열 자식 한 부모 버거워하고

아끼느라 못 삼키고
곯은 배 한 되셨나

보는 대로 드시려 하니
드려야 할지 뺏어야 할지
정답을 모르겠네.

씨앗

가을이 내린다
바다로 잠기던 하늘
청자빛 찻잔에
푸른 꿈 따른다

고요히 잠든 별
안타까움
이슬에 묻어
뚝뚝 떨어진다

처마 끝에 매달렸다
별빛 속으로 스며든다.

가시

예쁜 장미에
가시가 있고
매력 있는 사람도
아픔이 있다

햇살 고울수록
그늘 짙듯
우리네 마음에도
가시가 있다

고운 사랑이 있으면
가시 같은 이별도 있다.

시푸다

먹고 싶고
보고 시푸다

걷고 싶고
가고 시푸다

손잡고 싶고
안고 시푸다

안아드리고 싶고
손잡아 드리고 시푸다

빛바랜 이야기 듣고 싶고
마음 헤아려드리고 시푸다

고왔던 날 기억케 해드리고
행복했던 순간 찾아드리고 시푸다

함박웃음 뒤에 숨겨진
눈물 닦아드리고 시푸다.

동그라미

동글동글 둥글둥글
많기도 하다 동그라미
왼쪽으로 동글 오른쪽으로 동글

30년 작은 동그라미
60년 큰 동그라미
저마다 동그라미 그리며 오늘도 달린다.

빨간 동그라미 신중하게 걸어가고
노란 동그라미 급하게 뛰어간다

출발점 끝점 손 맞잡으면
두둥실 우주로 여행 떠나요.

부모는 빚쟁이

맡겨놓은 듯
손 벌리던 자식들도
부모 되었네

알곡 다 내주고
헐렁한 껍데기만 남은
부모님 노인 되셨네

주지 못해 안타깝고
줄게 없어 죄인 같네

밥 한 끼도 미안하고
옷 한 벌도 염치없고
나들이 한 번도 고맙다 하시네

떠나실 땐

빈손으로 조용히

자는 듯이 떠나고 싶다 하시네.

할머니는 세 살

할머니 박수는 소리가 안 나
오른손 위로 가면 왼손 아래로
두 손바닥 엉거주춤
허공에 떠있네

아랫배 짚으라면 윗배 짚고
어깨 짚으라면 팔목 짚고
팔꿈치 펴시라면
자꾸만 구부려요

할배 할매는 말썽꾸러기 세 살
눈 감으라면 실눈 뜨시고
입만 뻥긋
소리 없는 노래 불러요.

꽃보라 동산

봄꽃 피기도 전에
온 산 불길에 휩싸였다

사계절 공들여 치장 마치고
설렘 한 아름 안고
꽃 잔치 나서려는데

불기둥 다가온다

올 봄 기약했던
친구들 화마에 휩감겼다

뜨거운 열기 다가온다
봄소식은 전할 수 있을까

꽃보라 동산에는
꽃비가 내리겠지.

목련

봄 햇살에
고운 옷 차려입고
소풍 나온 선녀님

새벽잠 깬 개나리
토실토실 피어나고
귀여운 벚꽃
팔랑팔랑 어깨춤 춘다.

봄바람에 긴 머리 빗질하는
연둣빛 수양버들
새들도 신나서
재잘재잘 노래한다.

일 년을 기다린 우아한 봄나들이
꽃샘추위 한 자락에
선녀 날개 후두둑

긴 기다림
짧기만 한 봄나들이.